ANALYSE

DE

LA LÉGISLATION ANGLAISE

RELATIVE

AUX DROITS D'*EXCISE.*

——

EXTRAIT du Recueil publié par Huie, *Collecteur de l'Excise.*

——

ANALYSE

DE LA LÉGISLATION ANGLAISE

RELATIVE AUX DROITS D'*EXCISE*.

———————

Un objet important occupe en ce moment la Chambre des Députés : il s'agit d'examiner quel système de perception des impôts indirects s'accorde le mieux avec la protection due à l'agriculture, l'indépendance que réclame le commerce, et la liberté à laquelle chaque citoyen peut raisonnablement aspirer.

Nous sommes loin de vouloir nous prononcer sur une question aussi délicate ; mais nous avons pensé que la connaissance de ce qui se pratique chez une nation voisine, célèbre par ses institutions libérales, ne serait pas inutile pour fixer l'opinion de ceux qui ne veulent rien au-delà de ce qui est possible. C'est dans cette vue que nous nous proposons d'analyser rapidement une partie de la législation anglaise relative aux droits sur les consommations. Quelque effet que produise cet extrait sur l'esprit des personnes qui le parcourront, nous ne craignons pas qu'on nous accuse d'avoir puisé nos exemples chez un peuple peu jaloux de sa liberté et de la prospérité de son commerce.

L'*excise*, c'est-à-dire, l'impôt sur les consommations, frappe, en Angleterre, sur un grand nombre d'objets : quoique indépendant du droit de douane, il est perçu à l'introduction, en même temps que ce droit, sur tous les objets importés de l'étranger. Les productions du sol ou de l'industrie sont atteints à la fabrication. Un tel système semblerait devoir affranchir la circulation de toute

A

entrave ; il s'en faut cependant que cela soit ainsi : la matière imposable est au contraire accompagnée de nombreuses formalités jusque chez le consommateur ; le marchand , le détaillant est soumis à des obligations rigoureuses et compliquées, et la moindre infraction est punie de peines très-sévères. C'est ce que nous allons développer.

DU VIN.

Droit.

Le droit d'*excise* sur le vin est perçu à l'importation. Il est de 78 liv. 4 s. 6 d. sterl. [1,877 fr. 40 c.] par tonneau de vin de France, [201 fr. 35 c. par hectolitre] (1), indépendamment du droit de douane, qui est presque égal.

Le vin de tout autre pays ne paie que les deux tiers de ce droit.

Les débitans sont en outre assujettis à un droit de licence de 5 s. 4 d. sterl. [6 fr. 40 c.], lorsqu'ils ne vendent que du vin ; de 4 s. 4. d. sterl. [5 fr. 20 c.], s'ils paient déjà une licence pour le débit de la bière ; et enfin de 2 s. 4 d. sterl. [2 fr. 80 c.] seulement , s'ils en paient une pour le débit des liqueurs spiritueuses.

Le droit d'*excise* et celui de douane sont restitués à l'exportation en presque totalité.

Importation.

Le vin ne peut être importé dans un navire de 60 tonneaux et au-dessous. En cas de contravention, le vin et le navire sont confisqués.

---

(1) Aux termes des statuts de la quarante-troisième année du règne de Georges III, chap. LXXXI, et de la quarante-quatrième année du même règne, chap. XLIV, ce tarif doit être maintenu jusqu'à l'expiration d'une année après le traité de paix définitif.

L'introduction de vins en futailles de contenance inférieure à *63* gallons [2 hect. 33 lit.] est interdite, sous peine de confiscation ; cependant les vins de France peuvent entrer en bouteilles, pourvu qu'ils soient en caisse ou en paniers de 72 bouteilles au moins.

Le capitaine du navire sur lequel du vin est importé, doit en prouver l'origine par un manifeste affirmé devant le consul ou tout autre agent anglais établi dans le port d'expédition, sous peine d'une amende double de la valeur du vin.

Les lies sont imposées au même droit que les vins. Il n'est point accordé de restitution sur celles exportées.

Dans les dix jours de l'arrivée du navire, le propriétaire du vin doit en faire la déclaration au bureau, le faire débarquer et acquitter les droits ; à défaut, le vin est déposé dans les magasins du Roi et vendu ensuite pour pourvoir au paiement du droit.

Le vin déchargé sans que le droit ait été acquitté, est saisi. Les personnes employées au débarquement encourent, en outre, une amende du triple de la valeur, d'après le plus haut prix de Londres.

Les navires, chaloupes, voitures et chevaux servant au transport de vins introduits en fraude, sont également confisqués.

Circulation.

Les vins ne peuvent circuler dans l'intérieur sans un permis que délivre le préposé de l'*excise,* sur une déclaration signée par l'expéditeur. Les permis doivent indiquer le nom du vendeur et celui de l'acheteur, l'espèce de vin, le nombre et la contenance des futailles ou bouteilles, le moyen de transport, le lieu de destination, l'époque précise de l'enlèvement, le délai dans lequel le transport doit être opéré : il doit en outre y être fait mention ou de l'acquittement du droit, ou de la sortie d'un magasin dûment déclaré.

Les personnes qui ne font point le commerce du vin, sont également tenues de se munir d'un permis pour les quantités de cette boisson qu'elles font transporter, en justifiant, à la satisfaction des commis, que les droits ont été acquittés.

Toute quantité de vin supérieure à 3 gallons [11 litres], circulant sans permis ou avec un permis non applicable, est confisquée, ainsi que les bateaux, voitures, chevaux, &c. servant au transport. Il en est de même des vins accompagnés de permis dont les délais sont expirés, à moins que le retard ne provienne d'un accident inévitable.

Les permis non employés doivent être rendus au préposé de l'*excise*, sous peine d'une amende triple de la valeur des vins déclarés d'après le plus haut prix de Londres.

L'usage d'un permis faux ou altéré, ou d'une fausse pièce destinée à justifier le retard, est puni de 500 liv. sterl. [12,000 fr.] d'amende.

Obligations des Marchands et Détaillans.

Toute personne faisant le commerce de vin en gros ou en détail est tenue de prendre une licence et de la renouveler tous les ans, sous peine de 100 liv. sterl. [2,400 fr.] d'amende pour les marchands en gros, et de 50 liv. sterl. [1,200 fr.] pour les détaillans.

Les débitans, lors même qu'ils sont pourvus de licences, ne peuvent vendre du vin pour être bu chez eux, s'ils ne sont en même temps débitans de bière; l'amende qu'ils encourent, dans ce cas, est de 20 liv. sterl. [480 fr.]

Tout marchand de vin est obligé de déclarer les magasins, boutiques, caves, celliers ou autres lieux où il place du vin : il ne peut construire, diminuer ou agrandir aucune case dans ses caves où magasins, sans une pareille déclaration. Il est tenu d'indiquer sa profession par une enseigne placée sur chacun des lieux où il renferme du vin. Le défaut de déclaration est puni de 100 liv. sterl. [2,400 fr.] d'amende pour chaque cave ou magasin non déclaré. La peine est de moitié seulement dans les deux autres cas. Toute personne ayant une enseigne de marchand de vin sans avoir fait la déclaration prescrite, encourt également une amende de 100 liv. sterl. [2,400 fr.]

Il est enjoint aux marchands de vin en gros ou en détail, sous peine de confiscation, de produire les permis des vins qu'ils reçoivent, d'appliquer sur chaque futaille ou autre vaisseau une marque indicative de sa contenance et de la qualité du vin qu'il renferme, et d'indiquer aux commis toutes les futailles ou cases dans lesquelles leurs vins sont contenus, afin que ceux-ci apposent dessus une marque apparente et durable. Il est défendu d'effacer ces marques, sous peine de 50 liv. sterl. [1,200 fr.] d'amende.

Les différentes sortes de vins en la possession d'un marchand doivent être séparées dans ses caves ou magasins. Il ne peut les changer de place sans une déclaration préalable. Il ne peut également opérer une transvasion sans une pareille déclaration, laquelle doit indiquer les quantités et qualités de vin à transvaser et le moment où l'opération doit commencer. Les commis ont le droit d'y assister; s'ils n'en usent pas, le marchand est tenu, lors de leur première visite, de leur représenter les vins provenant de la transvasion. Toute infraction à ces règles est punie de 50 liv. sterl. [1,200 fr.] d'amende.

Les commis ont la faculté d'entrer seuls, à toutes les heures du jour, et même la nuit, mais avec un *constable* [officier de police], chez les marchands de vin en gros ou en détail, d'y vérifier la situation de leurs magasins, de jauger les futailles, goûter les vins, &c.

- Les marchands et débitans sont obligés de tenir un compte détaillé de leurs ventes en quantités au-dessous de 3 gallons [11 lit.], et d'en reporter le total, jour par jour, sur un autre registre où doivent être inscrites aussi les ventes faites au-dessus de cette quantité et avec permis. L'exactitude des enregistremens est affirmée par les marchands sous serment. Ces registres doivent être représentés à toute réquisition des employés et soumis à leur vérification. Toute contravention à ces dispositions, et tout enregistrement inexact, sont punis de 20 liv. sterl. [480 fr.] d'amende.

Toute quantité de vin trouvée en excédant chez un marchand en gros ou un débitant, par la comparaison des ventes et des restes avec les entrées, est confisquée, et en outre le contrevenant encourt une amende du double de la valeur. Si le marchand n'a pas en magasin une quantité égale à cet excédant, l'amende est de 100 liv. sterl. [2400 fr.].

Les cidres, les liqueurs spiritueuses et autres placées dans les mêmes caves ou magasins que le vin, sont également confisqués, et le marchand est puni d'une amende de 10 schel. [12 fr.] par gallon.

Dispositions générales.

L'exportation des vins est accompagnée de formalités très-multipliées. L'expéditeur s'engage, sous caution, à justifier de leur arrivée au lieu de destination. La réintroduction de vins censés exportés est punie de la confiscation et d'une amende triple du montant du droit.

Tout vin caché est saisi et confisqué.

Les commis, autorisés par un juge de paix, peuvent entrer seuls de jour, et la nuit avec un *constable*, dans les lieux où l'existence d'un dépôt frauduleux est soupçonnée.

Toute action tendant à corrompre les commis, toutes entraves mises à l'exercice de leurs fonctions, toute tentative pour retirer de leurs mains les objets saisis, sont punies de 100 liv. sterl. [2,400 fr.] d'amende, et, dans certains cas même, de 200 liv. [4,800 fr.].

DE LA BIÈRE.

L'impôt dont la bière est frappée en Angleterre, se compose de droits sur le houblon, sur le malt ou drèche, et sur la bière elle-même.

Droit sur le Houblon.

Le droit sur le houblon est de 2 d. 1/2 sterl. par livre *avoir-du-poids* (1), 27 c. environ par livre poids de marc.

Il est payé par le cultivateur six mois au moins après que les produits de sa récolte sont constatés.

Formalités à la culture du Houblon.

Le planteur est tenu de déclarer, chaque année, avant le 1.er août, les terrains qu'il cultive en houblon. Il doit aussi déclarer les granges ou magasins destinés à le renfermer.

Le houblon ne peut être mis en sacs ou en futailles qu'après avoir été pesé en présence des commis. Le cultivateur est obligé d'écrire sur chaque sac ou baril, en gros caractères, son nom et sa demeure. Le commis y marque de même le poids brut et l'année de la récolte.

La tare du sac ne peut excéder 10 liv. par chaque 112 liv. de poids brut.

Les quantités de houblon constatées par chaque pesée sont prises en charge au compte du récoltant.

Ce dernier est obligé de fournir les balances et les poids.

Les employés ont le droit de pénétrer seuls à toute heure du jour, et la nuit avec un *constable,* dans les granges et magasins des propriétaires de houblon.

Le défaut de déclaration de culture est puni d'une amende de 40 schel. [48 fr.] par acre; la peine est de 50 liv. sterl. [1,200 fr.] pour ceux qui placent du houblon dans des lieux non déclarés, et de 5 schel. [6 fr.] par chaque livre de houblon qui n'est pas resserrée six semaines après la récolte.

---

(1) La livre *avoir-du-poids* est de neuf mille deux cent soixante-quatre dix-millièmes d'une livre poids de marc.

Les autres amendes sont de 50 liv. sterl. [1,200 fr.] pour la mise en sacs du houblon sans déclaration préalable; de 20 liv. [480 fr.] pour défaut de marques sur les sacs, pour l'emploi de sacs pesant plus de 10 liv. par 112 liv. de poids brut; pour l'usage de faux poids et pour toute pesée qui aurait lieu entre quatre heures du soir et cinq du matin, même en présence de commis d'un grade inférieur. Le cultivateur qui cache du houblon est puni aussi de la même amende; celui qui le fait enlever avant la pesée ou même dans les douze heures qui suivent cette opération, est sujet à 50 liv. [1200 fr.] d'amende, aussi bien que celui qui s'oppose ou qui n'aide pas avec ses ouvriers à la vérification des poids que peut faire un employé supérieur. Dans ce dernier cas, toute pratique qui tend à empêcher de reconnaître exactement le poids du houblon, est punie de 100 liv. [2,400 fr.] d'amende.

On ne peut transvaser du houblon étranger dans des sacs anglais, ni employer deux fois les mêmes sacs, sous peine, dans le premier cas, de 10 liv. [240 fr.] d'amende par 100 pesant, et dans le second, de 40 liv. [960 fr.]

Tout mélange du houblon avec des substances propres à en altérer la couleur ou l'odeur, est puni de 5 liv. [120 fr.] d'amende pour chaque 100 liv. pesant.

Le transport clandestin du houblon est puni, indépendamment de la confiscation, de 5 sch. [6 fr.] d'amende par livre pesant. Les commis peuvent se saisir de la personne du contrevenant, qui, à défaut de paiement immédiat de l'amende, est mis en prison pendant un mois, pour être fouetté et employé à des travaux pénibles. La même peine, dans certains cas, et 100 liv. [2,400 fr.] d'amende dans d'autres, est infligée à ceux qui troublent les commis dans leurs fonctions.

Le droit perçu sur le houblon est restitué sur les quantités exportées. Les formalités pour constater l'exportation sont multipliées. Les peines pour la réintroduction du houblon censé exporté, sont la confiscation et la perte d'un cautionnement triple de la valeur des droits.

Droit sur le Malt.

Le malt est imposé à la fabrication. Le droit est fixé en Angleterre à 4 sch. 4 d. sterl. par boisseau anglais de 36 litres 61 centilitres, c'est-à-dire, à 14 fr. 18 c. par hect. En Écosse, il ne s'élève qu'à 3 sch. 8 d. et demi par boisseau de malt fabriqué avec de l'orge [12 fr. 15 c. par hect.]; celui fabriqué avec une espèce particulière d'orge nommée *beer* ou *bigg*, ne paie que 3 sch. et un demi-denier par boisseau [10 fr. par hect.].

Le malt transporté d'Écosse en Angleterre, paie, à l'introduction, un droit équivalent à la somme perçue en moins à la fabrication en Écosse. Il peut être introduit par tous les ports, s'il vient par mer, et par deux villes seulement, s'il est transporté par terre.

Le malt étranger est prohibé.

Les fabricans de malt sont munis de licences dont le prix est proportionné à leur fabrication, et fixé à raison de 10 sch. [12 fr.] par 100 quarters [292 hect. 89 lit.] Le *minimum* des licences est de 5 sch. [6 fr.] et le *maximum* de 3 liv. [72 fr.]

Le paiement des droits a lieu dans les quatre mois qui suivent la fabrication ; s'il n'est pas effectué dans ce délai, le fabricant paie une amende du double, et il est tenu, à l'avenir, d'acquitter le droit immédiatement après la fabrication.

Quand l'impôt annuel sur le malt, en Écosse, ne produit pas 20,000 liv. sterl. [480,000 fr.], la différence en moins est répartie sur les fabricans, en proportion des quantités fabriquées par eux. Si les produits s'élèvent au-delà de cette somme, l'excédant sert à encourager la pêche ou les manufactures.

Obligations imposées aux Fabricans de malt.

Les lieux occupés pour la fabrication du malt, et les vaisseaux ou ustensiles servant à sa préparation, doivent être déclarés et ne

B

peuvent être changés ni altérés ; le tout sous peine de confiscation et de 50 liv. ster. [1,200 fr.] d'amende.

Les droits sont constatés lorsque le grain est dans le réservoir ou cuve mouilloire, ou sur le germoir.

Les commis peuvent entrer seuls dans les fabriques à toutes les heures du jour et de la nuit. Tout refus ou obstacle à cet égard est puni de 200 liv. sterl. [4,800 fr.] d'amende.

Les fabricans sont tenus de déclarer, vingt-quatre ou quarante-huit heures à l'avance, suivant les localités, le moment où ils se proposent de mouiller le grain. Cette opération ne peut commencer que depuis huit heures du matin jusqu'à deux heures après midi. Ils sont obligés de couvrir le grain d'eau immédiatement, et de le tenir ainsi couvert pendant quarante heures. Ils ne peuvent le retirer des réservoirs, cuves, &c., que de jour, et depuis sept heures jusqu'à quatre. Il leur est défendu de cacher du malt, et enfin de le mouiller de nouveau après qu'il a passé sur la touraille et avant de le livrer au brasseur. Toute infraction à ces règles est punie de la confiscation et de 100 liv. sterl. [2,400 fr.] d'amende.

Il est encore fait défense d'ajouter du grain à celui qui a été mesuré, de fouler le grain dans les cuves ou sur les germoirs pour en diminuer le volume, et de confondre deux parties de malt qui ont été trempées séparément ; le tout sous peine de 5 sch. [6 fr.] d'amende par boisseau.

La peine est de 200 liv. sterl. [4,800 fr.] contre tout fabricant qui mouille du grain lorsqu'il est sorti des réservoirs, cuves, &c., si ce n'est après l'expiration de douze jours.

La fabrication du malt avec le grain nommé *beer* ou *bigg*, est soumise, en outre, à des obligations particulières. Il est défendu, sous peine de confiscation et de 50 liv. sterl. [1,200 fr.] d'amende, de mêler ce grain avec de l'orge, ou de l'employer avant l'expira-tion de vingt-quatre heures après son arrivée. Il doit être accom-pagné d'un certificat du vendeur. Les commis peuvent s'assurer, à tous les instans, si le malt en préparation ne contient pas de l'orge ou d'autre grain. Tout obstacle à cette vérification est punie de 100 liv. sterl. [2,400 fr.] d'amende.

Le malt destiné à l'exportation est exempt de droits. Sa fabrication est soumise à des règles différentes : il ne peut être fabriqué en même temps que celui destiné à la consommation intérieure ; il doit être mis dans des magasins particuliers et chaque partie placée séparément. Il reste sous la clef des commis. La confiscation et une amende du triple de sa valeur sont encourues par les personnes qui font rentrer du malt censé exporté.

Les ouvriers des fabricans qui aident à la fraude peuvent être arrêtés sur-le-champ par les employés, et conduits devant le juge de paix, qui les condamne à 50 liv. [1,200 fr.] d'amende. S'ils ne paient pas cette somme immédiatement, ils peuvent être emprisonnés pendant douze mois.

Droit sur la Bière.

La bière est imposée à la fabrication.

Celle d'une valeur supérieure à 18 schellings le baril de 36 gallons [13 fr. 28 c. l'hectolitre] non compris le droit, est qualifiée forte bière : elle paie 10 schellings par baril [7 fr. 38 c. par hectolitre].

Celle ayant une valeur de 18 schellings et au-dessous, appelée bière de table ou petite bière, paie seulement 2 schellings le baril [1 fr 47 c. par hectolitre].

Une autre qualité de bière, fabriquée en Écosse et appelée *twopenny ale*, est imposée à 4 schell. 2 d. le baril [3 fr. 7 c. par hectolitre].

Le *mum*, sorte de bière très-forte, paie le même droit que celle d'une valeur au-desus de 18 schell.

Chaque baril de bière importée d'Irlande paie 18 schell. 10 d. [13 fr. 89 c. par hectolitre].

La bière connue sous le nom de *spruce-beer*, et celle de toute autre qualité venant de l'étranger, est assujettie à 2 liv sterl. par baril de 32 gallons (mesure de vin) ou 118 lit. 42 centil., ce qui équivaut à 40 fr. 53 c. par hectolitre.

Enfin le *mum* venant de l'étranger paie 2 liv. 10 schell. par baril de même contenance [50 fr. 66 c. par hectolitre].

Indépendamment du droit de fabrication, tout brasseur paie une licence annuelle dont le prix est proportionné aux quantités de bière forte qu'il fabrique. Le *minimum* est de 1 liv. 10 schell. [36 fr.] pour les 100 premiers barils; le *maximum,* de 50 liv. [1,200 fr.] pour toute fabrication qui s'élève au-delà de 40,000 barils. Il existe sept classes intermédiaires pour chacune desquelles le prix de la licence est fixé à 1 liv. sterl. par 1,000 barils, ce qui correspond à 14 fr. 76 c. par 1,000 hectolitres.

La licence pour fabriquer la bière de table seulement, n'est que de 1 liv. [24 fr.], quelle que soit la quantité fabriquée.

Il est accordé, en cas d'exportation, une prime de 1 schel. par baril, lorsque l'orge ne vaut que 24 schell. le quarter [9 fr. 83 c. par hectolitre].

La bière forte exportée à l'étranger donne droit à la restitution d'une somme égale au montant de la taxe imposée sur la bière importée d'Irlande, 18 sch. 10 d. par baril, ou 13 fr. 89 c. par hectolitre.

Obligations imposées aux Brasseurs.

Les droits sont constatés par les commis lors de leurs exercices; néanmoins les brasseurs de profession sont tenus de déclarer toutes les semaines, et les brasseurs débitans tous les mois, la quantité de bière forte et de petite bière qu'ils ont fabriquée.

Les droits doivent être acquittés par les brasseurs débitans dans le mois qui suit leur déclaration.

Le compte des brasseurs est chargé des quantités entonnées; cependant, il est permis aux commis d'établir les charges en jaugeant les mout - chauds ou métiers, et moyennant 10 pour o/o de déduction.

Il est accordé aux brasseurs de profession une remise de 3 barils sur 36, pour coulage, ouillage et toute autre perte ou déficit. Le brasseur débitant n'a point droit à cette déduction. Celui qui vend de la bière en quantités au-dessous de 4 gallons 1/2 [20 litres], est débitant.

L'épalement et le jaugeage des cuves, chaudières, bacs, &c., est fait aussi souvent qu'il y a lieu par des experts-jurés.

Les commis peuvent entrer seuls dans les brasseries, à toute heure du jour, et y demeurer pendant toute la durée d'un brassin. Lorsqu'ils entrent la nuit, ils doivent être accompagnés d'un *constable*. Ils ont le droit de charger d'office le compte d'un brasseur, des quantités de bière qu'ils présument avoir été soustraites pendant la fabrication.

Les brasseurs sont tenus de déclarer tous les vaisseaux et ustensiles servant à leur fabrication, ainsi que tous les changemens et altérations qu'ils peuvent subir, sous peine de 200 liv. sterl. [4,800 fr.] d'amende par chaque cuve, chaudière, bac, &c., ainsi que de la confiscation de ces vaisseaux et de la bière qu'ils contiennent; ils doivent aussi déclarer, avant qu'aucune partie du brassin soit entonnée, la quantité de bière forte et celle de petite bière qu'ils se proposent d'en tirer. En cas de refus, les commis prennent en charge la totalité comme bière forte, et le brasseur paie une amende de 20 sch. [24 fr.] par baril.

Si la quantité entonnée excède celle déclarée, le brasseur paie 5 liv. sterl. [120 fr.] d'amende par chaque baril d'excédant. L'ouvrier qui participe à une fausse déclaration est puni de 20 sch. [24 fr.] d'amende par baril, et, à défaut de paiement, de trois mois de prison.

Il est fait défense, sous la même peine, de mêler la bière forte avec de la petite bière, ou avec de l'eau, après que les charges sont établies, ou lors de la vente. Les commis ont le droit de s'assurer si ce mélange n'a pas eu lieu, en goûtant la bière sur les charrettes ou même chez l'acheteur débitant.

En cas d'altération d'un brassin au moyen d'un mélange avec de la bière ancienne ou autrement, les commis doivent prendre en charge la totalité du brassin comme étant nouvellement fabriqué.

Il est encore défendu aux brasseurs de mêler la bière de deux brassins, d'empêcher les commis de jauger, mesurer ou prendre le compte de la bière, de placer quelque chose dans les cuves ou chaudières, afin d'empêcher que le jaugeage soit exact; d'avoir des magasins cachés, d'opérer des entonnemens anticipés, de soustraire de la bière à la connaissance des préposés, de s'opposer aux exercices, de séduire les commis, et à ceux-ci de se laisser séduire. Les amendes, dans ces différens cas, sont de 20 à 200 liv. sterl. [480 à 4,800 fr.] Elles sont quelquefois de 40 sch. [48 fr.] par baril.

Le *maximum* de ces peines est prononcé contre ceux qui emploient des tuyaux souterrains ou secrets pour conduire la bière fabriquée dans des lieux cachés. Les commis ont le droit, en cas de soupçon, de défoncer les portes, de creuser la terre, de démolir les murs, et, s'ils trouvent un tuyau, de le suivre par-tout où il conduit, en faisant, soit chez les brasseurs, soit chez ses voisins, toutes les démolitions nécessaires.

L'usage de toute espèce d'ingrédiens, autres que le houblon et le malt, pour la fabrication de la bière, est proscrit, ainsi que le mélange de la bière avec toute substance étrangère, sous peine de 200 liv. [4,800 fr.] d'amende.

La bière de table doit être marquée d'une lettre distinctive aussitôt après l'entonnement, et placée dans des magasins séparés ; elle ne peut être mise dans des tonneaux contenant plus de trois barils [4 hect. 88 lit.] : l'infraction à l'une de ces règles est punie de 100 liv. [2,400 fr.] d'amende. Le marchand de bière de table est censé débitant.

La bière ne peut être enlevée des fabriques que de jour. Le prix de vente de la bière de table est limité à 18 sch. par baril [13 fr. 28 c. par hectolitre], non compris le droit qui est de 10 sch. par baril [7 fr. 38 c. par hectolitre]. Le prix de la bière forte ne peut excéder un taux raisonnable.

L'exportation entraîne des formalités multipliées : ceux qui font rentrer de la bière censée exportée, encourent des peines semblables à celles prononcées dans le même cas, relativement au malt.

Obligations particulières aux Débitans de bière.

Tout débitant de bière est tenu de se pourvoir d'une licence dont le prix annuel est, en Angleterre, de 2 liv. 2 sch. [50 fr. 40 c.], et en Écosse, de 2 liv. 1 sch. [49 fr. 20 c.]

Ces licences sont délivrées par les juges ou magistrats, à une époque déterminée de l'année. Les débitans doivent produire des certificats de bonne vie et mœurs, et fournir une caution de 5 ou 10 liv. sterl. [120 ou 240 fr.].

Les débitans sont tenus, sous peine de 50 liv. [1,200 francs] d'amende, de déclarer, avant de commencer leur débit, les lieux où ils se proposent de l'établir. La bière trouvée chez celui qui n'a pas fait cette déclaration est saisissable, encore bien qu'il ait obtenu une licence. Ils sont soumis, sous les mêmes peines que les brasseurs, aux visites des commis, lesquels sont autorisés à faire chez eux toutes les recherches qui peuvent tendre à découvrir les contraventions. Les débitans ne peuvent vendre dans des mesures autres que celles étalonnées : il leur est défendu de mêler de la bière forte avec de la petite bière dans des vaisseaux de 3 gallons [13 litres 1/2] et au-dessus.

Toute personne qui débite de la bière dans une prison, une maison de correction ou un atelier, est soumise aux obligations du débitant et doit être pourvue de licence.

EAUX-DE-VIE ET LIQUEURS.

Droits.

L'impôt sur les liqueurs spiritueuses est perçu à la fabrication et à l'importation.

En Angleterre, le droit à la fabrication est calculé sur la quantité de matière mise en distillation.

Il est de 1 sch. 4 d. 1/2 par gallon [44 fr. 60 cent. par hect.] de liquide préparé avec du grain ;

De 2 sch. 0 d. 1/4 par gallon [65 fr. par hect.] de liquide préparé avec du sucre ou de la mélasse ;

De 1 sch. 3 d. par gallon [40 fr. 54 cent. par hect.] de cidre indigène ;

De 2 sch. par gallon [89 fr. 20 cent. par hect.] de cidre étranger.

En Écosse, le droit est perçu cumulativement sur la contenance des alambics (1), sur la quantité de matière mise en distillation, et sur les produits de la distillation. Il varie, en outre, pour chacun de ces trois modes de perception, suivant la nature du liquide distillé, suivant les lieux où sont situées les fabriques, suivant que les produits de la fabrication sont supérieurs ou inférieurs à certaines limites, et enfin suivant le degré des spiritueux obtenus par la distillation.

Le droit à l'importation en Angleterre est de 8 sch. 2 d. 1/2 par gallon [266 fr. par hect.] sur l'eau-de-vie venant d'Irlande, et de 10 sch. 4 d. 1/2 [336 fr par hect.] sur le rum importé des colonies anglaises en Amérique ; il est plus élevé sur le rum venant des Indes orientales, et sur celles des autres eaux-de-vie étrangères dont l'introduction est permise. De plus, il varie en raison du degré.

---

(1) Ce droit est extrêmement élevé : il est, pour tout distillateur de grains, de 162 liv. sterl. par gallon de la contenance des alambics [1,050 fr. par litre]; pour un distillateur de mélasse, de 1,005 liv. sterl. par gallon [6,520 fr. par litre]; pour un distillateur de vin ou de cidre, 1,140 liv. sterl. par gallon [7,395 fr. par litre].

Il existe en outre un droit de licence fixé annuellement

à 10 liv. [240 fr.] pour les distillateurs ;

à 5 liv. [120 fr.] pour les rectificateurs ;

à 5 liv. [120 fr.] pour les marchands en gros en général ;

à 3 liv. [72 fr.] pour les marchands en gros en Écosse, lorsqu'ils ne vendent que de l'eau-de-vie ;

à 2 liv. [48 fr.] pour les débitans en Écosse, lorsqu'ils ne
vendent que de l'eau-de-vie ;

à 1 liv. [24 fr.] pour les débitans dans les montagnes d'Écosse,
lorsqu'ils ne vendent que de l'eau-de-vie ;

de 4 liv. 14 sch. à 7 liv. 2 sch. [112 fr. 80 cent. à 170 fr. 40
cent.] pour les débitans d'eau-de-vie et de liqueurs spiritueuses, divisés en sept classes, d'après la valeur de la maison qu'ils habitent.

Dispositions relatives aux Distillateurs en général.

Tous les ateliers de distillateurs, ainsi que les cuves, chaudières,
alambics, réfrigérens, et autres ustensiles servant à la distillation,
doivent être déclarés, sous peine de 100 liv. [2,400 fr.] d'amende,
et de la confiscation des liquides fermentés, flegmes ou eaux-de-vie
trouvés dans les vaisseaux non déclarés. Tous les vases ou ustensiles
déclarés sont marqués par les commis : il est défendu d'effacer ces
marques.

Les distillateurs sont obligés d'indiquer leur profession par une
enseigne. Le défaut d'enseigne est puni de 100 liv. [2,400 fr.]
d'amende. Toute personne qui placerait sur sa porte une enseigne
de distillateur sans déclaration préalable , serait condamnée à
200 liv. [4,800 fr.] d'amende.

Le marchand qui acheterait de l'eau-de-vie chez un distillateur
qui n'aurait pas d'enseigne, encourrait une amende de 500 liv.
[12,000 fr.]

C

Tout distillateur est tenu de se munir d'une licence, d'en payer les droits, et de la renouveler chaque année, sous peine de 200 liv. [4,800 fr.] d'amende ; cette amende n'est que de 30 liv. [720 fr.] pour les rectificateurs.

Toute personne qui possède un alambic et des matières préparées pour la distillation, est considérée comme distillateur.

Nul distillateur ne peut avoir d'alambic d'une contenance inférieure à 400 gallons [14 hectolitres 84 litres] pour les flegmes, et à 100 gallons [3 hectolitres 71 litres] pour les eaux-de-vie, sous peine de 100 liv. [2,400 fr.] d'amende.

Il est enjoint aux distillateurs de pratiquer un trou dans la partie supérieure des bacs de fermentation, afin qu'ils puissent être jaugés, et de placer ces bacs plus bas que les robinets de charge des alambics. Ils sont tenus encore de faire placer des serrures aux chapiteaux, pompes, conduits de charge, robinets de décharge et fourneaux. Il doit y avoir, dans le corps de chaque alambic, une ouverture fermant à clef, et disposée de manière que les commis puissent opérer les vérifications. Toute infraction à ces obligations est punie de 50 liv. [1,200 fr.] d'amende.

La forme et les dimensions des robinets de décharge et de leurs clefs sont déterminées. Il faut que le commis puisse les ouvrir à tout moment. Les conduits cachés sont interdits. L'eau-de-vie doit sortir des serpentins à découvert, afin que les commis puissent la goûter ; le tout sous peine de 100 liv. [2,400 fr.] d'amende en Angleterre, et de 200 liv. [4,800 fr.] en Écosse.

Il est permis à un commis, assisté d'un *constable*, de défoncer le terrain pour vérifier s'il n'existe pas de tuyaux cachés, et s'il en découvre, il a le droit de les suivre par-tout où ils conduisent, en abattant les murs, même les maisons, et tout ce qui peut former obstacle à ses recherches ; il peut aussi couper les tuyaux : s'il ne découvre rien, il doit remettre les choses en état, ou indemniser le propriétaire. Tout refus de souffrir ces recherches est puni de 100 liv. [2,400 fr.]

Il ne doit exister qu'un seul tuyau de charge et un seul robinet de décharge à chaque alambic, sous peine de 200 liv. [4,800 fr.] d'amende.

Un distillateur ne peut commencer à charger ses alambics, ou à mettre le feu sous ses fourneaux, qu'après avoir averti le commis, et désigné, dans son avertissement, la marque et le numéro des bacs de fermentation d'où il se propose de tirer des liquides. L'avertissement doit être donné quatre, six, huit et jusqu'à douze heures à l'avance, suivant les lieux, la saison et le moment où l'opération doit commencer.

Le commis, après s'être assuré que l'alambic est vide, ouvre les pompes, robinets de charge et chapiteaux dont il a les clefs ; il les referme aussitôt après que les alambics sont chargés : il ouvre ensuite les fourneaux, dont il garde également les clefs tant que les alambics ne sont pas en activité. Il peut aussi fermer, à ce moment, les robinets de décharge. Il n'est obligé de rester qu'une heure dans la distillerie pour assister à ces opérations.

Le distillateur qui ne donne pas au commis l'avertissement exigé, est sujet à 100 liv. sterl. [2,400 fr.] d'amende ; la peine est la même pour celui qui charge des alambics avec des liquides pris ailleurs que dans les bacs de fermentation désignés : elle est de 50 liv. st. [1,200 fr.] pour tout distillateur qui se refuse à ouvrir ses robinets de décharge à l'arrivée du commis. Toute personne qui ouvre les pompes, robinets, chapiteaux, fourneaux, &c. fermés à clef par le commis, est punie de 200 liv. sterl. [4,800 fr.] d'amende.

Les commis peuvent entrer seuls, de jour comme de nuit, dans les distilleries, et y rester tant qu'ils le jugent convenable ; tout obstacle à cet égard est puni de 200 liv. sterl. [4,800 fr.] d'amende. De plus, ils sont autorisés à entrer de force, et même à abattre, à cet effet, une partie de la muraille si cela est nécessaire.

Les droits dus par le distillateur sont établis sur le liquide préparé pour la distillation ; les commis en tiennent un compte : néanmoins le distillateur est tenu de déclarer au bureau, chaque semaine, les quantités qu'il a employées à la distillation, sous peine de 10 liv. sterl. [240 fr.] d'amende, et d'acquitter en même temps le droit, sans quoi il encourt une amende du double. Il est encore obligé de donner avis au commis, vingt-quatre ou quarante-huit heures à l'avance, suivant les lieux, sous peine de 50 liv. [1,200 fr.] d'amende, des quantités de liquide fermenté qu'il doit recevoir du dehors.

Le commis est autorisé à faire payer le droit sur le déficit qu'il reconnaît lors de ses visites, et à charger le compte des flegmes ou celui des eaux-de-vie en proportion.

Le distillateur ne peut verser de liquide dans ses alambics, ni en retirer des bacs de fermentation, que la quantité n'en ait été reconnue et le droit constaté. Toute infraction à cette règle est punie du double droit et de 200 liv. [4,800 fr.] d'amende. Si la quantité trouvée dans l'alambic excède celle manquant dans les bacs, le distillateur paie le double droit de la charge présumée de l'alambic. La peine est de 100 liv. [2,400 fr.] d'amende pour toute quantité de liquide fermenté mêlée avec des flegmes ou des eaux-de-vie.

Les charges du compte des eaux-de-vie sont établies en raison des quantités de liquide mises en distillation, et d'après des proportions fixées par la loi. Tout excédant est censé provenir de liquide fermenté soustrait aux droits, et donne lieu à une amende de 50 liv. [1,200 fr.], et à la confiscation d'une quantité de ce liquide égale à celle nécessaire pour produire l'excédant reconnu.

Tout distillateur qui obtient de 100 gallons de liquide fermenté, plus de 19 gallons d'eau-de-vie à un degré déterminé, encourt une amende de 5 schellings [6 fr.] par chaque gallon excédant.

Les alambics doivent être chargés d'une quantité de liquide égale au moins aux trois quarts de leur contenance. La distillation doit en être terminée en vingt-quatre heures, sous peine de 200 liv. sterl. [4,800 fr.] d'amende. Douze heures après, les flegmes doivent passer dans le second alambic, et leur distillation ne peut durer que douze heures.

Le distillateur est tenu d'aider le commis dans la vérification de la contenance de ses alambics, et de lui fournir les échelles nécessaires. Tout refus, à cet égard, est puni de 200 liv. [4,800 fr.] Tout obstacle à ce que le commis prenne des échantillons entraîne une amende de 50 liv. [1,200 fr.]

Tout mélange de mélasse, sucre et autres substances, est interdit aux distillateurs de grains ; celui qui reçoit chez lui plus de dix liv. de ces matières encourt une amende de 100 liv. [2,400 fr.]. Les personnes qui les transportent chez le distillateur ou qui aident à les employer, sont punies de 20 liv. [480 fr.] d'amende, et, à défaut de paiement immédiat, de trois mois de prison.

On ne peut employer dans le grain préparé pour la distillation, plus d'un tiers de blé, sous peine de 50 liv. [1200 fr.] d'amende. La distillation du grain est prohibée, lorsque le blé vaut 48 schellings [57 fr. 60 cent.] le quart [2 hect. 93 lit.].

Il est permis aux commis, lorsqu'ils y sont spécialement autorisés par un juge de paix ou par deux des commissaires de l'excise, de pénétrer dans les lieux où ils soupçonnent l'existence d'une distillerie non déclarée, d'en enfoncer même les portes s'il est nécessaire, et d'y saisir les alambics, bacs et autres vaisseaux qu'ils y trouvent, ainsi que les eaux-de-vie, flegmes ou matières destinées à la distillation.

Toute personne chez laquelle une distillerie secrète est ainsi découverte, est passible en outre d'une amende de 200 livres [4,800 fr.] par chaque atelier, ainsi que pour chacun des alambics, bacs et autres vaisseaux saisis. La même peine est infligée à ceux qui mettent obstacle à ces recherches.

Tout individu qui travaille dans une distillerie clandestine, au moment où elle est découverte, est conduit devant le juge de paix, et condamné à 30 liv. [720 fr.] d'amende. A défaut de paiement immédiat, le contrevenant est détenu pendant six mois; en cas de récidive, l'amende est de 60 liv. [1,440 fr.] et la détention d'un an.

Dispositions particulières aux Distillateurs en Écosse.

Dix jours avant de construire des alambics, les distillateurs d'Écosse doivent être munis de licences, sous peine de 500 liv. [12,000 fr.] d'amende, et de la confiscation des alambics et de tous autres vaisseaux, ainsi que des matières, liquides fermentés, flegmes, eaux-de-vie ou esprits trouvés en leur possession.

Les licences sont délivrées aux personnes qui sont désignées par une assemblée de propriétaires réunis dans chaque paroisse tous les ans à cet effet. Le choix est fait à la majorité, laquelle est déterminée par le revenu des votans et non par leur nombre. Néanmoins, pour obtenir une licence, le distillateur doit produire un certificat de bonne vie et mœurs et de solvabilité, offrir une caution de 500 liv. sterl. [12,000 fr.] au moins, qui réponde du paiement des droits, être propriétaire des alambics, et affirmer par serment qu'il distillera pour son propre compte.

Il n'est point délivré de licence à un distillateur dont l'alambic, non compris le chapiteau, contient moins de 40 gallons [1 hect. 48 lit.]

Au moment de la délivrance d'une licence, le distillateur doit payer un douzième du droit annuel imposé sur la contenance de ses alambics. Il doit acquitter le surplus par douzième, de mois en mois et à l'avance. En cas de non-paiement aux époques fixées, il est passible d'une amende de 500 liv. [12,000 fr] et de la confiscation de ses alambics.

Un brasseur ne peut obtenir de licence. Toute personne ayant une licence, qui s'établirait brasseur ou aubergiste, paierait une amende de 200 liv. [4,800 fr.]. La même peine est prononcée contre tout distillateur qui emploie les alambics déclarés pour la distillation de grain à celle de toute autre matière, ou qui fait usage d'une chaudière supplémentaire, ou de tout autre procédé pour abréger la durée de la distillation dans l'alambic.

Il est défendu à tout distillateur de construire ou d'employer d'autres alambics que ceux désignés dans sa licence, et de rien changer à leur forme extérieure ni intérieure, sous peine de 500 liv. [12,000 fr.] d'amende.

Tout marchand, débitant, liquoriste, apothicaire, parfumeur ou autre ayant un alambic en sa possession, qui l'emploie à extraire de l'eau-de-vie du grain, de la mélasse ou de toute autre substance, encourt une amende de 10 liv. [240 fr.] par gallon [65 fr. par litre].

Le distillateur muni de licence est tenu, comme en Angleterre, de faire, avant de commencer à distiller, une déclaration détaillée de tous ses alambics, chaudières, tonneaux, bacs, réfrigérens, &c., sous peine de 200 liv. [4,800 fr.] d'amende. Tous ces ustensiles sont marqués et numérotés ; l'usage d'un ustensile non marqué est puni de 50 liv. [1,200 fr.]. La même peine est prononcée contre toute personne qui efface ces marques.

Le droit établi sur la contenance des alambics n'étant calculé que sur six jours de travail par semaine, il est défendu au distillateur de travailler le dimanche.

Les alambics doivent être vides le samedi au soir à onze heures au plus tard, et ne peuvent être remplis que le lundi à une heure du matin, sous peine de 500 liv. [12,000 fr.] d'amende. Les chapiteaux et robinets de charge sont fermés à clef et scellés par les commis le samedi au soir, et rouverts le lundi matin. Tout distillateur qui ne les garnit pas de serrures à cet effet, ou qui ouvre les

alambics quand ils sont fermés à clef par les commis, est puni de
100 liv. [2,400 fr.] d'amende.

Les employés doivent constater, au moins une fois par jour, les
produits de la distillation. Le tonneau servant de récipient doit être
assez grand pour recevoir la quantité d'eau-de-vie distillée dans une
journée. Ce tonneau est fermé à clef par les commis: il est défendu
d'en extraire aucune quantité avant que le produit total de la distillation soit reconnu. Dans ce cas, l'amende est de 2 liv. [48 fr.]
par gallon; elle est de 100 liv. [2,400 fr.] pour toute contravention aux autres dispositions.

Le distillateur ne peut vendre ni expédier de l'eau-de-vie, sous
peine de confiscation, en futaille de moindre contenance que 30
gallons [111 litres], si ce n'est dans le district des montagnes, où
le transport peut avoir lieu en futailles de 9 gallons [33 lit.].

Il est tenu de déclarer, tous les mois, sous serment et sous peine
de 200 liv. [4,800 fr.] d'amende, les quantités de liquide fermenté,
de malt ou de grain qu'il a employées à la fabrication; le nombre
de fois qu'il a chargé ses alambics par jour, et la quantité d'eau-de-
vie qu'il a obtenue aussi chaque jour.

Les commis établissent, une fois par mois au moins, le compte
du distillateur. Les excédans sont soumis au droit.

Tout distillateur qui cesse de faire usage d'un alambic, est tenu
de démolir le fourneau, et de déposer le chapiteau au bureau de
l'excise, sous peine de 200 liv. [4,800 fr.] d'amende.

Il est défendu aux apothicaires, parfumeurs, &c., de faire usage
d'alambics sans avoir obtenu une licence, qui leur est délivrée sans
autres frais que 5 sch. [6 fr.] pour honoraires. Ils ne peuvent avoir
d'alambics d'une contenance supérieure à 50 gallons [1 hect. 85 lit.].
L'amende, dans ces deux cas, est aussi de 200 liv. [4,800 fr.].

Tout fabricant d'alambics doit se munir d'une pareille licence. Il
est tenu de mettre son nom sur ses alambics, d'en faire vérifier la
contenance, et de les faire estampiller par les commis, sous peine

d'une amende fixée à raison de 10 sch. [12 fr.] par gallon de la contenance des alambics.

Circulation.

Les eaux-de-vie et liqueurs ne peuvent circuler en quantité supérieure à un gallon [3 lit. 70 centilit.] qu'accompagnées d'un permis délivré par un proposé de l'excise : celles rencontrées sans cette expédition sont confisquées, ainsi que les bateaux, chevaux et voitures servant au transport. Toutes les autres obligations relatives aux permis, citées au chapitre des *Vins*, sont également applicables aux eaux-de-vie.

Nul ne peut réclamer un permis au nom d'une autre personne, sans son autorisation, sous peine de 50 liv. [1,200 fr.] d'amende, ou de trois mois de prison à défaut de paiement immédiat de cette somme.

Marchands et Détaillans.

Les marchands et détaillans d'eau-de-vie ou de liqueurs sont tenus de faire une déclaration détaillée de tous les magasins, boutiques, celliers, caves et autres lieux où ils placent leurs eaux-de-vie, ainsi que des quantités qui y sont renfermées. Tout défaut de déclaration est puni d'une amende calculée à raison de 20 liv. [480 fr.] par chaque lieu non déclaré, et de 40 sch. [48 fr.] par chaque gallon d'eaux-de-vie ou de liqueurs également non déclarées, et en outre de la confiscation.

Il est défendu aux marchands et débitans de faire le commerce des eaux-de-vie et liqueurs, sans être munis d'une licence, sous peine de 100 liv. [2,400 fr.] d'amende pour les premiers, et de 50 liv. [1,200 fr.] pour les derniers. Les uns et les autres doivent indiquer leur profession par une enseigne, sous la même peine. Tout marchand et détaillant qui achète des eaux-de-vie dans un magasin qui n'a pas d'enseigne, est puni de 100 liv. [2,400 fr.] d'amende.

D

Il n'est délivré de licences pour le débit des eaux-de-vie et liqueurs qu'aux taverniers, aubergistes, traiteurs, cabaretiers, cafetiers et débitans de bière. La licence devient nulle pour les personnes de ces différentes professions qui s'établissent ensuite distillateurs, marchands d'eau-de-vie en gros, épiciers ou chandeliers, et elles encourent en outre une amende de 10 liv. [240 fr.]

Les licences de débitant, à Londres, ne sont accordées qu'à ceux qui occupent une maison dont le loyer est de 10 liv. sterl. [240 fr.] au moins, et qui sont imposés à certaines taxes personnelles; ailleurs cette dernière condition est seule exigée. Il n'est point délivré de licence pour les débits dans les prisons.

Tout individu qui débite de l'eau-de-vie sans licence et qui ne paie pas l'amende immédiatement, est mis en prison pour deux mois; le juge peut même l'y envoyer au lieu de le condamner à l'amende. Les eaux-de-vie trouvées chez lui au moment où il est découvert, et celles qu'il reçoit pendant les six mois qui suivent, sont confisquées. En cas de récidive, le contrevenant est puni de trois mois de prison.

Sont considérées comme marchands en gros les personnes qui possèdent plus de 63 gallons [2 hect. 33 lit.] d'eau-de-vie, et comme débitans, celles qui vendent de l'eau-de-vie pour être consommée chez elles, ou qui en envoient au dehors en quantités inférieures à 2 gallons [7 lit. 40 centil.]. En Écosse, cette limite est d'un demi-gallon [1 lit. 85 centil.].

Toute personne qui paie tout ou partie du salaire de ses ouvriers en eau-de-vie, est traitée comme exerçant un débit clandestin et punie de 20 liv. [480 fr.] d'amende, en sus des autres peines prononcées contre les contrevenans ordinaires.

Tout marchand de provisions ou autre qui donne de l'eau-de-vie à un domestique ou à un apprenti auquel il vend quelque chose, sous prétexte qu'il lui procure des pratiques, ou par tout autre motif, encourt la peine prononcée contre les débitans sans licence.

Il ne peut être introduit d'eau-de-vie ou liqueur chez un marchand, sans qu'il en avertisse les commis et sans qu'il leur remette les permis délivrés pour le transport, sous peine de confiscation et de 20 liv. [480 fr.] d'amende.

Les employés ont le droit de s'introduire seuls de jour, et la nuit avec un *constable*, chez les marchands et débitans d'eau-de-vie. Ils établissent, une fois par mois au moins, la situation de chaque magasin; et si les restes ajoutés aux quantités enlevées par permis excèdent les charges, l'excédant est confisqué; de plus, le contrevenant est puni de 50 liv. [1,200 fr.] d'amende. Si, d'après le compte tenu par le commis, un marchand demande un permis pour des quantités supérieures à celles qu'il a en charge, le commis se rend immédiatement dans le magasin et saisit l'excédant.

Il est défendu aux débitans de couper l'eau-de-vie avec de l'eau, sous peine de confiscation et de 40 sch. [48 fr.] d'amende par gallon ainsi mixtionné.

Les marchands sont tenus de déclarer tous les tonneaux placés à demeure dans leurs magasins, et de les faire jauger par les employés, sous peine de la confiscation desdits tonneaux et de la liqueur qu'ils renferment, ainsi que de 100 livres [2,400 fr.] d'amende. La contenance des futailles mobiles doit être indiquée sur un des fonds, d'une manière apparente. Il y a 50 liv. [1,200 *fr.*] d'amende pour toute infraction à cette règle.

Sur un avis donné par le commis qu'il veut établir la situation d'un magasin, le marchand est obligé, sous peine de 100 livres [2,400 fr.] d'amende, d'ouiller toutes les futailles et de les placer de manière que la vérification soit sûre et facile.

Il est alloué aux liquoristes 50 pour cent d'accroissement sur les quantités d'eau-de-vie qu'ils manipulent. Ils sont tenus de marquer sur le vase contenant les liqueurs, dont la force ne peut être vérifiée à l'aide de l'aréomètre, le degré de l'eau-de-vie employée à sa composition. Toute négligence et toute inexactitude dans cette indication sont punies de 50 livres [1,200 fr.] d'amende.

Il est défendu aux distillateurs de détailler les eaux-de-vie. Toute personne trouvée buvant chez eux est punie de 20 sch. [24 fr.] d'amende ; à défaut de paiement, elle est mise en prison pour deux mois au plus ou quatorze jours au moins. Les débitans ne peuvent être intéressés dans une distillerie , sous peine de 200 livres [4,800 fr.] d'amende.

Le colportage de l'eau-de-vie est interdit. Les colporteurs sont punis de 10 livres [240 fr.] d'amende, et, à défaut de paiement immédiat, de deux mois de détention pour être employés à des travaux pénibles. Toute personne a le droit de les arrêter et de les conduire à un officier public. Le *constable* ou tout autre officier qui négligerait ou refuserait de les faire punir, encourrait une amende de 20 livres [480 fr.].

Les personnes attroupées au nombre de cinq au moins, dans l'intention de sauver des colporteurs, d'insulter ceux qui les arrêtent , ou de mettre obstacle à l'exécution d'une mesure quelconque, relative aux droits d'excise sur les eaux-de-vie, sont déclarées coupables de félonie, et déportées pour sept ans.

Tout geolier ou concierge de prison , maison de travail, de correction ou dépôt de mendicité, qui donne de l'eau-de-vie aux détenus, à quelque titre que ce soit, est puni de 100 livres [2,400 fr.] d'amende.

Il est permis aux simples officiers des paroisses ou de paix, d'entrer dans les lieux où l'on soupçonne un débit clandestin, moyennant qu'ils y soient autorisés par un juge de paix ou par un des commissaires de l'excise.

Toute insulte envers les préposés de l'excise , tout obstacle apporté à l'exercice de leurs fonctions, est puni, suivant le cas, de 40, 50, 100 ou 200 liv. d'amende [960, 1,200, 2,400 ou 4,800 fr.].

Des Eaux-de-vie destinées pour l'exportation.

Les eaux-de-vie destinées pour l'exportation à l'étranger, ainsi que celles qui doivent être transportées d'Angleterre en Écosse, ou d'Écosse en Angleterre, n'étant soumises à aucun droit à la fabrication, les distillateurs qui les préparent et les marchands qui les reçoivent, sont assujettis à des formalités et à des obligations rigoureuses, en raison du grand intérêt qu'il y aurait à en soustraire quelques parties à la connaissance des employés. Le nombre et l'étendue de ces dispositions particulières ne permet pas qu'elles soient toutes citées ici ; voici celles qui paraissent les plus remarquables.

On ne peut distiller en même temps pour la consommation de l'intérieur et pour l'exportation ; dans ce dernier cas, les eaux-de-vie restent constamment sous la clef des commis de l'excise. Il est défendu au distillateur ou au marchand d'y toucher hors la présence de ces préposés, sous peine de 500 liv. [12,000 fr.] d'amende. Elles ne peuvent être transportées d'un lieu à l'autre dans l'intérieur, ni au port d'embarquement, que sous l'obligation souscrite par l'expéditeur et garantie par une caution, de justifier de leur arrivée chez l'acheteur ou de la sortie du royaume. Cette obligation est égale au double de la valeur des eaux-de-vie et au double du montant du droit. Il faut encore, après l'embarquement, justifier par certificats authentiques de l'arrivée au lieu de destination. Dans le cas de réintroduction clandestine d'eaux-de-vie, elles sont confisquées ainsi que les navires, chaloupes, voitures et chevaux servant au transport, et l'expéditeur est soumis à une amende du double des restitutions et des primes accordées. En outre, le capitaine et toute autre personne de l'équipage qui aide ou se prête au débarquement en fraude, est puni de six mois de prison.

Des Eaux-de-vie importées.

Les droits d'*excise* sur celles des eaux-de-vie étrangères dont l'importation est permise, sont perçus à l'entrée. Les lois répressives de la fraude, à cet égard, sont rigoureuses ; leur exécution est plutôt dans les attributions des préposés de la douane que dans celles des préposés de l'excise. Il suffit en conséquence d'indiquer ici que l'importation de ces eaux-de-vie ne peut être opérée qu'en certaine quantité et seulement dans des navires d'une certaine grandeur. Toute contravention à cette règle, tout débarquement avant que les droits aient été acquittés, entraînent la confiscation des eaux-de-vie, celle du navire et de tout autre moyen de transport. Les personnes employées pour ce débarquement, ou qui cachent l'eau-de-vie après qu'il a été opéré, encourent une amende égale au double de la valeur, d'après le taux le plus élevé du cours à Londres.

Tout employé de l'excise qui serait de connivence avec les fraudeurs pour laisser effectuer une importation clandestine, serait déclaré incapable d'exercer aucun emploi et puni de 500 liv. [12,000 fr.] d'amende.

DU CIDRE ET DU POIRÉ.

Le cidre et le poir é fabriqués en Angleterre ou importés d'Irlande, sont soumis à un droit d'excise de 1 liv. [24 fr.] par barrique de 63 gallons [10 fr. 43 c. par hect.].

Ceux qui sont importés de l'étranger paient, outre les droits de douane, 17 liv. 17 sous sterl. par tonneau [46 fr. par hect.].

Les obligations et les formalités prescrites par la loi relative à cette boisson, étant à-peu-près les mêmes que celles imposées à la fabrication des bières et à la vente du vin, il a paru inutile de les reproduire ici.

On citera seulement, comme disposition remarquable, que toute personne qui vend du cidre provenant de son cru, en quantité moindre de 20 gallons [74 lit.], est considérée comme marchand ou débitant, et soumise aux mêmes obligations.

DES TABACS.

Droits.

Le tabac est imposé à l'importation. Les droits d'excise et de douane cumulés s'élèvent à 2 fr. 13 c. par livre poids de marc de tabac d'Amérique en feuilles. Celui récolté dans les colonies espagnoles ou portugaises est taxé en tout à 6 fr. 6 c. Le tabac en poudre paie de 3 fr. 15 c. à 4 fr. 86 c. par livre ; celui récolté en Irlande, de 1 fr. 69 c. à 2 fr. 43 c.

Les licences des fabricans de tabacs sont de 1 liv. [24 fr.] par 10,000 livres de tabac fabriqué.

Celles des débitans sont de 5 schell. [6 fr.] à Londres et à Édimbourg, et de 2 schell. 6 d. [3 fr.] dans le reste de la Grande-Bretagne.

Importation.

Les tabacs dont l'importation en Angleterre est permise, sont ceux venant directement des États-Unis et des colonies anglaises; ceux récoltés et manufacturés dans les colonies ou possessions espagnoles et portugaises; ceux récoltés en Irlande, en Russie et en Turquie, importés par navires anglais; enfin, le tabac en poudre, de quelque lieu qu'il vienne.

L'introduction ne peut s'effectuer que par les ports de Londres, Bristol, Liverpool, Lancastre, Cowes, Falmouth, Whitehaven, Hull, Port-Glasgow, Greenock, Leith et Newcastle sur la Tyne. Elle ne peut avoir lieu par des navires au-dessous de 120 tonneaux. Les tabacs doivent être en futailles ou autres colis, de 450 livres au moins, sous peine de confiscation. Les navires qui entrent dans d'autres ports ou qui n'ont pas la capacité prescrite, sont confisqués avec leur cargaison.

Prohibitions.

Les tabacs fabriqués totalement ou en partie (excepté ceux des colonies espagnoles ou portugaises, et ceux en poudre), les côtes de tabac, les poudres de côtes, enfin les tabacs réimportés en Angleterre, même par défaut de vente au lieu de destination, sont prohibés et confiscables avec les navires qui les portent.

Outre la confiscation, une amende du triple de la valeur est prononcée, en cas d'importation de côtes de tabac, contre toute personne intéressée à leur débarquement ou chez laquelle elles seraient conduites. Les navires, chaloupes, voitures, chevaux. &c., servant au transport, sont saisissables.

Formalités à l'introduction.

Le tabac venant d'Irlande doit être accompagné d'un manifeste, dont le double est envoyé, par les préposés des douanes de cette île, à ceux du lieu de destination. Il en est de même pour le tabac expédié des colonies anglaises. Le manifeste des chargemens de tabacs venant des États-Unis, de la Russie ou de la Turquie, doit être affirmé par le capitaine, sous serment, devant le Consul anglais au lieu de départ. Tout capitaine qui n'est pas porteur de cette pièce, paie 100 liv. sterl. [2,400 fr.] d'amende, s'il vient d'Irlande, et 200 liv. [4,800 fr.], s'il vient des autres lieux désignés ci-dessus.

A l'arrivée en Angleterre d'un navire chargé de tabac, ou à quatre lieues des côtes, les commis se font représenter le manifeste et ferment les écoutilles. Le capitaine qui refuse de produire cette pièce, qui s'oppose à ce que les écoutilles soient fermées ou qui les ouvre ensuite, est puni de 200 liv. [4,800 fr.] d'amende.

Une place particulière est affectée, dans chaque port, à l'amarrage des vaisseaux chargés de tabac et à leur déchargement. Les capitaines sont tenus d'y conduire leurs navires, et de les y laisser jusqu'à ce qu'ils soient déchargés, sous peine de 100 liv. [2,400 fr.] d'amende. Ils sont punis de 20 liv. [480 fr.] d'amende, s'ils ne font pas quitter cette place à leurs navires dès qu'ils sont vides.

Aussitôt après l'arrivée au lieu d'amarrage, le capitaine est tenu de déclarer le tabac qu'il a importé, et le tonnage de son navire, sous peine de 100 liv. sterl. [2,400 fr.] d'amende. Tout tabac non déclaré est saisissable. En cas de débarquement total ou partiel avant que le navire soit amarré au port, tout le tabac trouvé à bord est confisqué, ainsi que le bâtiment, et le capitaine puni de 200 liv. sterl. [4,800 fr.] d'amende. Tout débarquement fait sans permis et hors la présence des employés, entraîne la confiscation du tabac, du navire qui l'a importé, et de celui ou de ceux qui servent au débarquement; et, de plus, une amende du triple de la valeur du tabac fixée d'après le plus haut cours de Londres, est prononcée contre le destinataire, le capitaine, et toute personne aidant ou ayant intérêt au débarquement, ou recevant le tabac chez elle.

Entrepôt des Douanes.

Des entrepôts réels sont établis dans tous les ports désignés plus haut. Le tabac y est emmagasiné au moment de l'importation et peut y rester trois ans; celui en poudre n'y demeure qu'un mois. Les droits ne sont acquittés que sur les quantités enlevées pour le commerce de l'intérieur; ils ne se paient qu'au moment de la sortie de l'entrepôt. Les tabacs réexportés (excepté ceux provenant des colonies espagnoles et portugaises) s'enlèvent en franchise de tous droits. On ne peut effacer ni changer les marques apposées par les commis dans l'entrepôt, sous peine de 100 liv. sterl. [2,400 fr.] d'amende.

Le tabac en feuilles qui n'est pas enlevé de l'entrepôt dans le délai de trois ans, ou celui en poudre dans le délai d'un mois, est vendu publiquement; les droits sont prélevés sur le produit de la vente, et le surplus payé au propriétaire ; si le prix offert n'excède pas le montant des droits, le tabac doit être brûlé.

Exportation des Tabacs entreposés.

Les tabacs admis dans l'entrepôt réel ne peuvent être exportés par le navire sur lequel ils ont été importés. Ils doivent sortir dans les boucauts qui les contenaient lors de l'importation. L'expéditeur s'engage sous caution à justifier par certificats authentiques de l'arrivée du tabac à sa destinaton.

Tout débarquement de tabac effectué en Angleterre ou à quatre lieues en mer, après l'exportation, entraîne, indépendamment des peines résultant de l'obligation ci-dessus, la confiscation dudit tabac, et celle des navires, chaloupes, voitures, chevaux et autres objets servant au débarquement ou au transport; en outre, le propriétaire, le capitaine et toute autre personne de l'équipage qui facilite le débarquement, sont punis de 100 liv. sterl. [2,400 fr.] d'amende. Ceux qui reçoivent le tabac chez eux, qui aident ou qui ont intérêt à la fraude, sont condamnés à une amende du triple de la valeur des tabacs, calculée d'après le taux le plus élevé du cours à Londres.

L'exportation ne peut avoir lieu que sur des navires de soixante-dix tonneaux au moins. Les commis peuvent retenir et jauger les vaisseaux qu'ils soupçonnent ne pas avoir cette capacité. S'ils se sont trompés, ils ne doivent aucun dédommagement. Si le navire est au-dessous de soixante-dix tonneaux, le capitaine paie 100 liv. sterl. [2,400 fr.] d'amende.

La production d'un faux certificat d'arrivée au lieu de destination est punie de 200 liv. [4,800 fr.] d'amende. Celle de fausses pièces pour obtenir la restitution du droit, dans le cas où elle peut avoir lieu, est punie du bannissement ou même de la mort, selon la gravité des cas.

L'enlèvement du tabac de l'entrepôt après l'acquittement des droits, ne peut être fait qu'au moyen d'un permis délivré par les préposés de l'excise, à destination d'un fabricant ou d'un débitant.

Fabricans et Débitans.

Les fabriques de tabac ne peuvent être établies que dans certaines villes, et à cinq milles des côtes, excepté dans les ports où l'importation est permise. Les fabricans et les débitans de tabac sont tenus de se munir d'une licence et de la renouveler chaque année, sous peine de 200 liv. [4,800 fr.] d'amende pour un fabricant, et de 50 liv. [1,200 fr.] pour un débitant.

On ne peut être fabricant à Londres sans occuper une maison de plus de 10 liv. [240 fr.] de loyer, et sans être imposé personnellement aux taxes des paroisses. Ailleurs on est tenu seulement de contribuer aux taxes pour l'église et les pauvres.

Les fabricans et débitans sont tenus, trois jours avant de commencer à fabriquer ou à débiter, de faire une déclaration portant description de toutes les maisons, magasins, ateliers, boutiques, chambres, celliers, caves et autres lieux qu'ils se proposent d'employer pour fabriquer, renfermer ou vendre leur tabac, sous peine de 200 liv. [4,800 fr.] d'amende, et de la confiscation des tabacs trouvés dans les lieux non désignés. Une semblable déclaration est exigée des fabricans pour tous les moulins, presses, machines, étuves, pilons, rouets à filer, &c., sous peine de 50 liv. [1,200 fr.] d'amende par chaque objet non déclaré.

Tout fabricant et débitant est tenu d'avoir une enseigne peinte en gros caractères, sous peine de 50 liv. [1,200] fr. d'amende. L'existence d'une enseigne sur une maison non déclarée, est punie de 100 liv. [2,400 fr.] d'amende.

Lorsqu'on découvre une fabrique non déclarée, toute personne qui y est trouvée travaillant, est punie de 30 liv. [720 fr.] d'amende. Elle peut être arrêtée, conduite devant le juge, et obligée de payer cette somme immédiatement ; à défaut, elle est mise en prison pour six mois, ou jusqu'à ce que l'amende soit acquittée. En cas de récidive, l'amende est de 60 liv. [1440 fr.], et la durée de l'emprisonnement d'un an.

Formalités à observer pour la fabrication.

Les opérations des fabricans sont suivies par les employés de *l'excise*, qui tiennent un compte particulier pour chaque espèce de tabac. A cet effet, le fabricant est tenu de déclarer par écrit, six, douze ou vingt-quatre heures à l'avance, selon les lieux, les différentes manipulations auxquelles il veut se livrer, le poids de chaque espèce de tabac qu'il se propose d'employer, et l'heure où il doit commencer. Il pèse ces tabacs en présence des commis, leur remet une déclaration indiquant l'espèce et la quantité de tabac qu'il obtiendra de sa fabrication, et est obligé de commencer immédiatement à travailler. Cette dernière déclaration peut être modifiée dans le cours de la préparation, si le tabac ne se trouve pas propre à faire la qualité déclarée. L'inobservation de quelqu'une des formalités ci-dessus est punie de 50 liv. [1,200 fr.] d'amende, s'il s'agit de tabac en poudre, et de 20 liv. [480 fr.] pour toute autre espèce de tabac.

Le fabricant est obligé, sous peine de 50 liv. sterl. [1,200 fr.] d'amende, de faire connaître au commis le poids de chaque espèce de tabac qu'il vient de fabriquer, ainsi que le nombre de carottes et de rôles, et de tenir les différentes qualités séparées les unes des autres et de tout autre tabac, pendant vingt-quatre heures après que la fabrication est terminée, ou jusqu'à ce que le commis en ait vérifié les produits.

Le fabricant peut, dans certains cas, retirer des quantités en préparation deux cents livres au moins de tabac, en présence des commis, et en les prévenant, selon les lieux, six, douze ou vingt-quatre heures à l'avance. S'il touche au tabac, dans le cours de la fabrication, sans cet avertissement, il est puni de 50 liv. sterl. [1,200 fr.] d'amende.

Les tabacs en feuilles , ceux en préparation et ceux fabriqués, doivent être placés dans des lieux séparés. Le tabac préparé pour faire de la poudre, doit être mis dans des barils disposés de manière que les commis puissent toujours en vérifier le contenu et le poids. Chaque baril porte un numéro, le poids et la tare sur une étiquette signée par le commis et par le fabricant. Ce dernier doit convertir en poudre, sans désemparer, toute la quantité qu'il a déclarée; il ne peut mélanger, hors de la présence des commis, du tabac destiné à faire de la poudre avec d'autre tabac préparé pour le même objet à une époque différente. La contravention à ces dispositions est punie de 50 liv. sterl. [1,200 fr.] d'amende.

La poudre dite *d'Écosse*, revenant du moulin, peut n'être pas prise en charge chez le fabricant, moyennant qu'il la place dans une chambre ayant une seule ouverture fermée à clef et scellée par les commis. Le fabricant qui ouvre cette porte est puni de 200 liv. sterl. [4,800 fr.] d'amende.

Excédans et déchets de fabrication.

Il est accordé au fabricant 5 , 15 ou 20 pour o/o de bénéfice de fabrication, ou bien 10 ou 20 pour o/o de déchet, suivant les qualités qu'il a fabriquées. L'excédant est plus considérable pour la poudre de côtes.

Le tabac en poudre doit être humecté en présence des commis, qui s'assurent par la pesée, avant et après l'opération , que l'excédant alloué n'est pas outre-passé. Le fabricant ne peut humecter moins de deux cents livres à-la-fois, ni diviser, pour cette opération, en plus de quatre parties, la quantité de poudre provenant d'une même fabrication. Le tabac humecté doit être séparé de celui qui ne l'est pas, sous peine de 20 liv. sterl. [480 fr.] d'amende.

Matières étrangères.

Il est défendu de vendre pour du tabac , ou de mêler avec cette matière, des feuilles de noyer ou de sycomore, des bois de toute espèce, de la terre, de l'argile ou du sable, et de colorer le tabac avec de l'ocre, du bois d'ombre ou toute couleur de ce genre, sous peine de 200 liv. [4,800 fr.] d'amende, et de la confiscation. Les objets ci-dessus désignés ne peuvent être introduits chez un fabricant ou débitant, à peine de confiscation et de 50 liv. [1,200 fr.] d'amende. Tout particulier qui a du tabac en sa possession ainsi mélangé, est sujet à la même peine. Le fabricant peut employer une teinture liquide pour colorer le tabac. Il est permis aux commis de prendre des échantillons de tabac en en payant la valeur. Le fabricant qui s'y opposerait, encourrait 100 liv. sterl. [2,400 fr.] d'amende.

Pouvoirs des Employés.

Les commis ont le droit d'entrer dans tous les lieux de fabrication et de débit, depuis cinq heures du matin jusqu'à onze heures du soir, sans *constable;* et pendant les autres heures de la nuit, accompagnés de cet officier. Il peuvent faire en tout temps l'inventaire de tout le tabac qui se trouve en la possession d'un fabricant : celui-ci est tenu, sous peine de 100 liv. [2,400 fr.] d'amende, d'avoir des balances et des poids. Il est puni de 200 liv. [4,800 fr.] d'amende, s'il fournit de faux poids, ou s'il empêche de peser exactement son tabac. Il doit, lorsqu'il en est requis, faire concourir ses ouvriers à la pesée, sous peine de 50 liv. [1,200 fr.] d'amende.

Toute quantité trouvée, après vérification, en excédant aux charges d'un fabricant ou d'un débitant, est saisie et confisquée comme ayant été introduite clandestinement et sans permis, et le contrevenant est puni de 20 liv. [480 fr.] d'amende.

Les employés, avec une autorisation des commissaires de l'excise ou du juge, peuvent s'introduire seuls de jour, et la nuit en présence d'un *constable*, dans les lieux où ils soupçonnent du tabac caché, le saisir et l'enlever. Toute personne qui mettrait obstacle à cette saisie, encourrait 100 liv. [2,400 fr.] d'amende.

Ventes des Fabricans.

Les fabricans et les débitans sont obligés de tenir un état journalier de leurs ventes sur un registre divisé par espèces de tabac, et d'affirmer par serment l'exactitude des enregistremens. Ce registre est soumis à l'inspection des commis de l'excise. Ceux qui ne le tiennent pas, ou qui négligent d'y faire des enregistremens, ou qui en font d'inexacts, ou enfin qui refusent de les laisser vérifier par les commis, sont punis de 100 liv. [2,400 fr.] d'amende.

Le fabricant qui n'a pas une licence de débitant, ne peut vendre en quantité au-dessous de quatre livres de tabac en feuilles ou de deux livres de poudre, sous peine de 20 liv. [480 fr.] d'amende.

Tout tabac qui est enlevé d'une manufacture avant que les employés en aient constaté le poids, ou qui est soustrait à leur vue ou caché, est confiscable, et donne lieu à 50 liv. [1,200 fr.] d'amende.

Le fabricant ou le débitant ne peut recevoir le tabac sans appeler les commis, et sans leur en remettre le permis, sous peine de confiscation, et, de plus, d'une amende égale au triple de la valeur du tabac, calculée au taux le plus élevé du cours de Londres.

Circulation.

Le tabac en feuilles ou fabriqué ne peut circuler en quantités de quatre livres et au-dessus, et celui en poudre en quantités de deux livres et au-dessus, sans un permis délivré par les préposés de l'excise, sous peine de confiscation dudit tabac, ainsi que des voitures, chevaux, chaloupes, et tous autres objets servant au transport.

Les permis sont délivrés sans frais, sur la demande écrite et motivée du fabricant ou du débitant. Ils énoncent le poids et l'espèce du tabac, les noms de l'envoyeur et du destinataire, les lieux du départ et de la destination, les moyens de transport, la route à parcourir, soit par terre, soit par eau; le moment du départ et celui de l'arrivée.

Le tabac qui n'est pas arrivé à sa destination dans le délai fixé, est saisissable comme s'il était enlevé sans permis. Il en est de même de celui qui ne se trouve pas de l'espèce désignée au permis, ou dont le transport n'est pas effectué conformément à son contenu.

Le tabac en feuilles sortant des entrepôts des douanes ne peut être transporté, sous peine de confiscation, que dans les boucauts qui le contenaient à l'arrivée, avec les marques et numéros apposés lors du débarquement. Il ne peut être conduit que de l'entrepôt chez un fabricant, et de chez celui-ci chez un autre.

Il est défendu de transporter du tabac d'un lieu quelconque de la Grande-Bretagne dans les limites du bureau principal de l'excise à Londres, ou dans un des ports d'exportation, ou à deux milles de distance de ces ports. La circulation du tabac ne peut avoir lieu, du 25 mars au 29 septembre, que depuis cinq heures du matin jusqu'à sept heures du soir, et du 29 septembre au 25 mars, que depuis sept heures du matin jusqu'à cinq heures du soir. Tout tabac transporté contrairement aux dispositions ci-dessus avec ou sans permis, est confiscable, ainsi que les navires, chaloupes, voitures, chevaux et autres objets servant au transport.

Si le fabricant ou le débitant qui a pris un permis, n'expédie pas le tabac dans le délai fixé, ou s'il ne renvoie pas le permis au bureau, il est sujet à une amende du triple de la valeur du tabac déclaré, calculée d'après le plus haut cours de Londres.

Les permis de l'excise sont imprimés sur un papier filigrané, et avec des signes de reconnaissance. Ceux qui font usage de permis faux, contrefaits, altérés ou surchargés, sont condamnés à 500 liv. [12,000 fr.] d'amende. Ceux qui imitent ou contrefont le papier ou l'impression, sont punis de mort.

Tout commis de l'excise qui donnerait du papier servant aux permis, soit en blanc, soit imprimé, ou qui délivrerait sciemment un permis faux ou différent de son émargement, ou qui prendrait en charge des marchandises accompagnées d'un permis qu'il saurait être faux, serait puni de la déportation pour sept ans.

Dispositions diverses.

Celui qui insulte les employés, qui s'oppose à l'exercice de leurs fonctions, qui, par force ou par violence, sauve ou tente de sauver des objets saisis, est puni de 200 liv. [4,800 fr.] d'amende. Celui qui chercherait à séduire un commis, que son offre fût acceptée ou non, encourrait une amende de 500 liv. [12,000 fr.]

Les faux sermens faits dans le cas où un serment est exigé, sont punis de la peine prononcée contre les parjures.

Un fabricant ou un débitant de tabac ne peut remplir les fonctions de juge de paix dans aucune ciconstance relative à l'exécution des lois sur le tabac, à peine de nullité de ses actes.

CAFÉ, THÉ, CACAO, CHOCOLAT, &c.

Les droits d'*excise* ou de consommation sont de 1 fr. 30 cent., 1 fr. 80 cent. et 2 fr. 40 cent. par livre de café; 2 fr. 20 cent., 2 fr. 40 cent. et 3 fr. 60 cent. par livre de cacao; et de 60 et 90 pour cent de la valeur du thé. Ces droits sont perçus à la sortie des magasins de la douane.

Ces marchandises ne peuvent être transportées dans l'intérieur en quantité au-dessous de six livres, sans un permis. La confiscation des quantités circulant sans cette expédition, celle des voitures, chaloupes, chevaux, &c. servant au transport, et toutes les autres règles auxquelles la circulation du vin, des eaux-de-vie et du tabac est soumise, sont également applicables au café, au thé, au cacao et au chocolat. Le thé, même avec un permis, ne peut être transporté de nuit.

Il est défendu de brûler du café ailleurs que dans les lieux disposés à cet effet par les préposés de l'excise et sous leurs yeux, sous peine de confiscation et de 5 sch. [6 fr.] d'amende par livre. On doit justifier que le café que l'on brûle a payé les droits.

La vente de toute substance préparée pour imiter ou remplacer le café ou le thé est prohibée; les débitans ne peuvent mêler aucune matière avec le café pour en accroître le poids : la peine, dans ces deux cas, est la confiscation et 100 liv. [2,400 fr.] d'amende.

Les débitans sont tenus de se munir d'une licence, de déclarer les boutiques et autres lieux où ils veulent vendre du café, du thé, &c. et d'y placer une enseigne; toute contravention à ces dispositions est punie de 200 liv. [4,800 fr.] d'amende et de la confiscation.

Tout consommateur qui achète du café, du thé, &c., ailleurs que chez un débitant ayant enseigne, encourt une amende de 10 liv. [240 fr.]

Les débitans et cafetiers sont sujets aux visites des préposés de l'excise, et obligés d'inscrire, jour par jour, les ventes qu'ils font en petites quantités au-dessous de 6 livres, sur un registre qui leur est fourni à cet effet. Tout refus, négligence ou inexactitude à cet égard, est puni de 100 liv. [2,400 fr.] d'amende.

CUIRS ET PEAUX.

Droits.

Les cuirs et peaux tannés sont imposés, à la fabrication, à un droit de 1 d. 1/2 sterl. [15 cent.] par livre *avoir-du-poids*. Ce droit est de 2 schel. 3 d. [2 fr. 70 cent.] par douzaine de peaux de mouton, et de 4 schel. [4 fr 80 cent.] par douzaine de peaux de chèvre et de bouc.

Les cuirs apprêtés en mégie ou en hongrie paient, suivant l'espèce, 1 schel. 6 d. ou 3 schel. [1 fr. 80 ou 3 fr. 60 cent.] par cuir.

Les petites peaux sont taxées à la livre, depuis 1 d. 1/4 [12 cent.
1/2] jusqu'à 6 d. [60 cent.]; celles de veau abortif, préparées
avec le poil, paient 3 schel. [3 fr. 60 cent.] par douzaine, et celles
sans poil, 1 schel. [1 fr. 20 cent.]. Enfin la douzaine de peaux de
chèvre est imposée à 2 schel. [2 fr. 40 cent.]

Les peaux chamoisées sont taxées depuis 3 d. [30 cent.] jusqu'à
1 schel. [1 fr. 20 cent.] la livre.

Enfin les peaux apprêtées en vélin paient 3 schel. 6 d. [4 fr. 20
cent.] la douzaine, et celles en parchemin 1 schel. 9 d. [2 fr. 10
cent.] la douzaine.

Les cuirs et peaux importés d'Irlande sont soumis aux mêmes
droits. Ceux importés de tout autre pays sont taxés, savoir : les
cuirs de bœuf, de vache, de cheval et de veau tannés, à 6 d.
[60 cent.] la livre ; les peaux de chèvre tannées, à 2 liv. 2 sch. [50 fr.
40 cent.] la douzaine ; celles d'agneau passées en mégie, à 19 sch.
2 d. [23 fr.] le cent ; celles d'agneau chamoisées, à 2 liv. 11 sch.
[61 fr. 20 cent.] le cent ; celles de mouton apprêtées en basane,
en mégie ou chamoisées, à 5 sch. 6 d. [6 fr. 60 cent.] la douzaine.

Les deux tiers du droit de fabrication sont restitués en cas d'exportation de cuirs non ouvrés, et la totalité, lorsque l'exportation
est faite en objets manufacturés, tels que voitures, harnais, selles,
bottes, souliers, &c.

Les fabricans de cuirs sont soumis au paiement annuel d'un droit
de licence, fixé ainsi qu'il suit :

Tanneurs.	à Londres.....................	5 liv. sterl. *ou* 120 fr.
	dans le reste du royaume..	2 liv. 10 sch.. 60.
Mégissiers.......................		1........... 24.
Chamoiseurs....................		2........... 48.
Corroyeurs......................		2........... 48.
Parcheminiers..................		1........... 24.

Obligations imposées aux Tanneurs et autres Fabricans.

Les tanneurs, corroyeurs, mégissiers, chamoiseurs, parchemi-niers, &c. sont obligés de déclarer leur profession et leur résidence, ainsi que les cours, ateliers, séchoirs, magasins, moulins, et autres lieux dépendant de leurs établissemens. Ils sont également tenus de déclarer le nombre et la situation de leurs cuves et fosses avant d'en faire usage, le tout sous peine de 50 liv. [1,200 fr.] d'amende, et de la confiscation des cuirs et peaux qui seraient trouvés dans des lieux non déclarés. Ils sont obligés en outre de prendre une li-cence et de la renouveler annuellement, sous peine d'une amende de 10 liv. [240 fr.] pour les mégissiers et parcheminiers, de 20 liv. [480 fr.] pour les chamoiseurs et corroyeurs, et de 30 liv. [720 fr.] pour les tanneurs.

Les cuirs ou peaux ne peuvent être retirés du tan ou de toute autre matière dans laquelle ils sont préparés, sans que le fabricant en ait donné avis par écrit, deux jours d'avance au moins, aux commis de l'excise. Dans les deux jours après qu'ils ont été ainsi retirés des fosses, cuves, &c., et avant qu'ils puissent être portés au séchoir, le fabricant est tenu d'en faire une déclaration exacte, énonçant le nombre et la qualité des cuirs, et d'affirmer cette déclaration, sous serment, devant le juge-de-paix, le collecteur ou l'inspecteur du district. Faute par le fabricant de donner l'avertissement prélimi-naire ou de faire la déclaration définitive, il est passible d'une amende de 20 liv. [480 fr.], ainsi que de la confiscation des cuirs ou de leur valeur.

Les cuirs ou peaux doivent être pesés ou comptés par les commis dans les lieux mêmes où ils ont séché. Les tanneurs sont tenus de fournir à cet effet les balances, poids et ouvriers nécessaires. Les commis inscrivent le poids ou le nombre des cuirs qu'ils ont reconnus, sur un registre tenu par eux; ils apposent ensuite, sur chaque cuir ou peau, ou sur chaque morceau, une marque ayant pour objet d'indiquer que le droit a été constaté. Cette marque doit être placée à l'endroit indiqué par le fabricant, et de manière à ne point endommager la peau. Tout obstacle mis à ce que les commis pèsent ou comptent les cuirs, tout refus de fournir des balances ou poids, ou de concourir à la pesée, est puni de 50 liv. [1,200 fr.] d'amende. La peine est de 100 liv. [2,400 fr.] d'amende, si le fabricant fournit des poids ou des balances qui ne soient pas justes ou en nombre suffisant, ou si, par une manœuvre quelconque, il empêche que la pesée soit exacte.

Les tanneurs ou autres fabricans sont tenus de donner avis par écrit au commis de l'excise, deux jours d'avance au moins, du moment où ils se proposent de déplacer des cuirs ou peaux du lieu où ils les ont apprêtés ou fait sécher. Il leur est défendu en outre d'opérer ce déplacement avant que les cuirs ou peaux aient été marqués, sous peine de 50 liv. [1,200 fr.] d'amende et de la confiscation. La même peine est prononcée contre tout acheteur qui enlève des cuirs ou peaux sans qu'ils soient marqués.

Il est fait défense de confondre les cuirs non encore marqués avec ceux qui le sont. Les cuirs qui viennent d'être marqués doivent être conservés à part, pendant vingt-quatre heures à Londres, et pendant deux jours dans toute l'étendue du royaume, afin qu'un employé supérieur puisse en vérifier le poids. Par le même motif, ils ne peuvent être déplacés des lieux où ils ont été marqués, avant l'expiration d'un délai de vingt-quatre heures, le tout à peine de 20 liv. [480 fr.] d'amende.

Les tanneurs ne peuvent rogner leurs cuirs avant qu'ils soient complétement tannés, de manière à en diminuer le poids, sous peine de confiscation des cuirs ou de leur valeur.

Les commis tiennent un compte des cuirs ou peaux retirés du tan ou de toute autre matière pour être mis au séchoir. Tous les trois mois au moins, les tanneurs ou autres fabricans sont obligés d'arrêter ce compte avec les commis. Il doit être balancé par les cuirs ou peaux qui ont été marqués, et par ceux restant à marquer.

Le décompte des droits dus sur les cuirs marqués, est établi par les commis, et remis par eux aux collecteurs. Ils sont obligés d'en laisser une copie au fabricant, s'il la réclame.

Les tanneurs, &c. sont tenus d'acquitter les droits, savoir : à Londres et à Westminster, dans la quinzaine du jour où les cuirs ont été marqués ; et ailleurs, dans les six semaines. Ceux qui n'effectuent pas ce paiement dans les délais fixés, sont passibles d'une amende égale au double du montant des droits dus : ils ne peuvent, en outre, enlever de cuirs ou peaux qu'ils n'aient soldé les sommes dues par eux, sous peine de confiscation du double de la valeur.

Dispositions diverses.

Les employés sont autorisés à entrer à toute heure du jour dans les tanneries, ateliers, magasins, moulins, séchoirs, et autres lieux occupés par les tanneurs, mégissiers, &c. ; tout refus à cet égard, de la part des fabricans, est puni de 10 liv. [240 fr.] d'amende.

Tous cuirs ou peaux non marqués, qui sont découverts dans un lieu quelconque autre que ceux occupés et déclarés par les fabricans, sont saisis et confisqués, et de plus, la personne en la possession de laquelle ils sont trouvés, est passible de 100 liv. [2,400 fr.] d'amende.

Toute personne qui contrefait les instrumens servant à marquer les cuirs ou leur empreinte, ou qui vend sciemment des cuirs empreints d'une fausse marque, est déclarée coupable de félonie, et punie de mort.

Un boucher ne peut exercer la profession de tanneur, un tanneur celle de cordonnier, de corroyeur, de boucher, ou de tout autre artisan qui emploie ou apprête le cuir ; un corroyeur celle de tanneur, de cordonnier, de boucher, &c., le tout à peine d'une amende de 6 sch. 8 d. [8 fr.] par jour, et en outre, à l'égard du tanneur, de la confiscation des cuirs saisis en sa possession ou de leur valeur.

PAPIERS ET CARTONS.

Droits.

L'impôt sur les papiers est établi ainsi qu'il suit :

Par livre *avoir-du-poids* de papier de toute espèce, autre que celui fabriqué avec du vieux cordage, 3 d. sterl. [30 cent.]

Par livre *avoir-du-poids* de papier fait avec du vieux cordage, 1 d. 1/2 sterl. [15 cent.]

Par cent livres pesant de carton, 1 liv. 1 sch. [25 fr. 20 cent.]

Par verge carrée de papier de tenture (en outre du droit ci-dessus), 1 d. 3/4 sterl. [17 cent. 1/2].

Les papiers ou cartons importés d'Irlande paient des droits égaux à ceux fixés ci-dessus.

Le papier de tenture, venant du même pays, paie 2 d. 3/4 sterl. [27 cent. 1/2] la verge carrée.

Les livres imprimés, reliés ou non, venant directement d'Irlande, sont imposés à 3 d. sterl. [30 cent.] la livre *avoir-du-poids*.

Le papier de toute espèce importé de l'étranger paie 1 sch. [1 fr. 20 cent.] la livre, excepté celui fabriqué avec du vieux cordage, qui ne paie que 6 d. [60 cent.] la livre.

Le carton venant de l'étranger paie 2 liv. 2 sch. la livre [50 fr. 40 cent.]

Le papier de tenture, 9 d. [90 cent.] la verge carrée.

Les livres reliés, le cent pesant, 4 liv. [96 fr.]; ceux non reliés, 3 liv. [72 fr.].

Ces différens droits de douane sont accrus temporairement d'un huitième.

Le papier que l'on emploie pour les livres imprimés, soit en latin, soit en grec, soit en langues orientales ou du nord, et celui employé pour les bibles et les livres de prières, sont affranchis de tout droit.

Les droits sont restitués à l'exportation du papier. Les livres exportés donnent droit à la même restitution.

Les fabricans de papier, de carton, ou de papier de tenture, paient une licence annuelle de 2 liv. [48 fr.]

Obligations imposées aux Fabricans de Papier ou de Carton.

Les fabricans sont tenus, avant de commencer à fabriquer, de déclarer leur profession, le lieu de leur résidence, les moulins, ateliers, magasins, cuves, presses, et autres lieux ou ustensiles dépendant de leurs établissemens, ainsi que les matières qu'ils veulent employer, sous peine de 50 liv. sterl. [1,200 fr.] d'amende et de la confiscation des papiers, matières et ustensiles qui seraient trouvés dans des lieux non déclarés.

Les commis sont autorisés à prendre en compte les chiffons, vieux cordages, et autres matières employées à la fabrication des papiers. Ils suivent ces matières, ainsi que les papiers en provenant, dans tous les procédés de la fabrication.

Le fabricant est tenu, immédiatement après que le papier est fabriqué, de le former en mains de vingt-quatre feuilles, et en rames de vingt mains. Les cartons doivent être formés en paquets réguliers, contenant au moins vingt-quatre et au plus soixante-douze feuilles de même espèce et dimension.

Chaque rame ou paquet doit être enveloppé séparément, et fermé au moyen d'une ficelle passée autour de la rame ou du paquet, croisée au milieu, et attachée du côté opposé après avoir passé par les deux bouts.

Le fabricant doit écrire sur l'enveloppe, en toutes lettres, l'espèce de papier ou de carton qu'elle contient, et donner à chaque rame un numéro d'ordre, en recommençant la série chaque trimestre.

Le papier peut être mis en rames sans être plié; dans ce cas, chaque main doit être séparée par un morceau de papier de couleur, visible à l'extérieur. Les feuilles peuvent être divisées avant la mise en rames, pourvu que la quantité soumise au droit ne s'en trouve pas diminuée, et que le papier soit désigné sur l'enveloppe, sous la dénomination de *papier coupé*.

Tout fabricant est obligé de déclarer, vingt-quatre heures d'avance dans les villes, et quarante-huit heures dans les campagnes, le moment où il se propose de peser son papier : quand l'employé est arrivé, il est tenu de lui représenter tous les papiers ou cartons qu'il a fabriqués, enveloppés et attachés de la manière prescrite.

Les fabricans qui, dans les vingt-quatre heures après que le papier est fabriqué, n'ont pas rempli les formalités ci-dessus prescrites, ou qui, après qu'elles ont été remplies, et avant que les employés aient pris les papiers en charge, délient les rames ou paquets, retirent le papier hors des enveloppes, altèrent la contenance des rames ou paquets, ou les indications écrites sur les enveloppes, sont punis de 200 liv. [4,800 fr.] d'amende, ainsi que de la confiscation des papiers, cartons, &c.

Il est défendu de rogner le papier avant qu'il soit pesé, sous peine de 50 liv. [1,200 fr.] d'amende, et de la confiscation.

Les commis, après avoir reconnu que toutes les conditions imposées ont été accomplies, et avoir vérifié les quantités et le poids des papiers ou cartons, appliquent immédiatement sur chaque rame ou paquet une marque, ou y attachent une vignette ou étiquette *[label]*, dont l'objet est d'indiquer que le droit a été constaté. Ils apposent en même temps sur l'enveloppe leur signature, avec indication de l'heure, du jour et de l'année où l'opération a été faite.

Les fabricans sont tenus d'avoir des poids et balances pour peser le papier et de les mettre à la disposition des employés. Ceux qui font usage de faux poids, ou qui n'en ont pas le nombre suffisant, ou qui emploient quelque manœuvre pour nuire à l'exactitude de la pesée, sont punis de 100 liv. [2,400 fr.] d'amende, et de la confiscation. La peine est de 50 liv. [1,200 fr.] pour n'avoir pas fourni les ouvriers nécessaires à la pesée.

Le papier ne peut être déplacé du lieu où il a été pesé avant l'expiration de vingt-quatre heures; il doit rester séparé de tout autre papier jusqu'à l'expiration de ce délai, ou au moins jusqu'à ce qu'il ait été pesé de nouveau par un employé supérieur, sous peine de 50 liv. [1,200 fr.] d'amende.

Il est défendu aux fabricans de confondre le papier non encore pris en charge avec celui qui l'a été. Ils doivent placer séparément le papier des deux différentes classes; le tout à peine de 50 liv. [1,200 fr.] d'amende, et de la confiscation. S'il cache du papier, ou s'il le soustrait à la connaissance des employés, il encourt la confiscation et une amende de 200 liv. [4,800 fr.]

Le fabricant ne peut faire enlever du papier ou du carton de sa fabrique en moindre quantité qu'une rame ou un paquet, ni avant qu'il ait été pris en charge, et marqué par les employés. Il ne peut en expédier sous une enveloppe autre que celle sur laquelle les marques prescrites ont été apposées, sous peine de 50 liv. [1,200 fr.] d'amende, et de la confiscation du papier transporté en fraude, ainsi que des chevaux, voitures, bateaux, barques et autres objets servant au transport.

Paiement des Droits.

Les commis remettent au bureau de l'*excise* un état des quantités de papiers et cartons dont ils ont constaté la fabrication. Ces quantités forment les charges du compte de chaque fabricant. Copie de cet état doit être laissée au fabricant s'il le demande.

Ce dernier est tenu, à peine de 50 liv. [1,200 fr.] d'amende, de fournir au bureau de l'*excise*, toutes les six semaines, un état des papiers et cartons qu'il a fabriqués : cet état est certifié, sous serment, par le fabricant ou par son principal ouvrier.

Dans les six semaines qui suivent la remise dudit état, le fabricant doit acquitter les droits, sous peine d'en payer le double. De plus, tout fabricant en retard de payer ne peut enlever du papier de sa fabrique avant de s'être libéré, sous peine également de payer le double du droit.

Pouvoirs des Employés.

Les employés sont autorisés à entrer seuls à toute heure du jour, et si c'est la nuit avec un *constable*, dans toute maison, moulin, cour, séchoir, atelier, magasin ou autre lieu occupé par un fabricant de papier ou de carton.

Ils peuvent, lors de leurs visites, ouvrir les rames ou paquets, et en retirer même des échantillons, pourvu qu'ils en paient la valeur au cours si le fabricant l'exige.

Lorsque les employés déclarent, sous serment, devant les commissaires de l'*excise*, ou devant un juge de paix, qu'ils ont des motifs de soupçonner que du papier est caché dans un lieu quelconque, lesdits commissaires ou juge de paix peuvent les autoriser à entrer seuls de jour, ou la nuit avec un *constable*, dans les lieux suspects, et à enlever les papiers qu'ils y trouveront cachés. Les personnes en la possession desquelles les papiers sont saisis, encourent en outre une amende de 50 liv. [1,200 fr.]

Dispositions diverses.

Nul papetier ou débitant de papier ne peut recevoir des papiers ou cartons qu'ils ne soient en rames, et contenus dans des enveloppes dûment marquées, sous peine de saisie et de 50 liv. [1,200 fr.] d'amende.

Il est défendu à tout papetier ou débitant de papier, et à toute autre personne, de renvoyer à un fabricant une enveloppe qui a déjà servi. Ils sont tenus au contraire, à mesure de la consommation, de détruire les enveloppes. Il est également défendu aux fabricans de recevoir des enveloppes qui ont déjà servi; le tout sous peine de 100 liv. [2,400 fr.] d'amende.

Toute personne qui efface ou altère les marques apposées sur les papiers, est passible de 50 liv. [1,200 fr.] d'amende.

Toute personne qui contrefait des marques ou vignettes, qui vend ou qui a en sa possession des papiers ou cartons couverts de fausses marques, et sachant qu'elles sont fausses, ou qui, sur du papier qui n'a pas payé le droit, applique sciemment des enveloppes portant des marques contrefaites ou des enveloppes ayant déjà servi à d'autre papier, est punie de 500 liv. [12,000 fr.] d'amende.

PAPIER DE TENTURE.

L'obligation imposée aux fabricans de papier ou carton de déclarer leurs établissemens et ustensiles, celle de souffrir les visites des employés, le droit attribué à ceux-ci de suivre les papiers dans les différens procédés de la fabrication, s'appliquent également aux fabricans de papier de tenture.

Nul ne peut peindre pour tenture du papier qui n'a pas été soumis au droit à la fabrication, ou qui n'a pas été représenté aux commis dans les enveloppes revêtues des marques, vignettes et autres signes indicatifs du paiement de ce droit. Lors de cette exhibition, les fabricans sont tenus d'ouvrir toutes les rames. Les commis prennent en compte la quantité représentée, et apposent une marque sur chaque feuille.

Les fabricans, avant d'imprimer les rouleaux, sont obligés de les représenter en blanc aux commis, qui, après avoir reconnu les marques sur chaque feuille, apposent à chaque bout du rouleau une nouvelle marque, indicative de sa longueur, portant un numéro d'ordre, et toute autre indication qui peut être jugée nécessaire par les commissaires de l'*excise*.

L'emploi d'un rouleau avant qu'il soit mesuré et marqué, est puni de 20 liv. [480 fr.] d'amende, et de la confiscation.

Aussitôt après que la fabrication du papier de tenture est terminée, les commis le prennent en compte, et apposent à chaque bout du rouleau une marque indiquant que le droit a été constaté.

Lorsque le papier marqué en blanc n'est pas représenté aux employés après la fabrication, le droit est également exigé.

Le fabricant ne peut couper un rouleau de papier en plusieurs morceaux sans appeler les commis, pour qu'ils réapposent les marques aux deux bouts de chaque morceau.

Le papier non encore marqué après la fabrication doit être placé séparément, à peine, contre le fabricant, d'une amende de 50 liv. [1,200 fr.] La même peine est infligée à tout fabricant qui fait enlever du papier peint avant qu'il soit marqué ; en outre, le papier non marqué saisi à l'enlèvement, ou en cours de transport, est confisqué.

Tout papier en rouleau ou portion de rouleau qui, n'ayant pas les marques prescrites ou les ayant à un bout seulement et ayant une longueur supérieure à celle indiquée par la marque, ou ayant les marques aux deux bouts, mais ayant une longueur excédant de plus d'une demi-verge celle indiquée par les marques, est trouvé en la possession de tout fabricant ou marchand, est saisi et confisqué avec amende de 50 liv. [1,200 fr.]

Toute personne qui coupe, efface ou enlève les marques des rouleaux, ou qui applique sur un rouleau des marques ayant déjà servi à un autre rouleau, est punie de la même peine.

La contrefaçon des marques apposées sur le papier de tenture est punie, pour certaines de ces marques, de 100 liv. [2,400. fr.] d'amende, et pour les autres, de la mort. Toute personne qui vend sciemment du papier marqué de fausses marques, encourt la confiscation et 100 liv. [2,400 fr.] d'amende.

Le paiement des droits sur le papier de tenture a lieu tous les quinze jours, et d'après les règles suivies pour les fabricans de papier et cartons.

Les papiers importés sont marqués lors de la perception du droit, de la même manière que les papiers fabriqués à l'intérieur.

L'exportation des papiers, comme celle de toute marchandise qui donne lieu à la restitution des droits, est assujettie à des formalités multipliées et rigoureuses.

Les droits *d'excise* sont encore imposés sur le sel, le savon, l'amidon, la chandelle, la brique, le poisson, les verreries, le verjus, le vinaigre, les fils d'or et d'argent, &c. &c.

La fabrication et l'importation de ces différentes matières sont soumises à des obligations analogues à celles détaillées ci-dessus : les mêmes entraves sont mises à la circulation. Les opérations du marchand et du détaillant sont l'objet d'une surveillance continuelle de la part des préposés; ils ont à remplir des formalités multipliées et souvent gênantes pour le commerce comme pour le public; et ces entraves, cette surveillance, ces formalités, n'ont point, comme en France, pour objet de conduire à la perception régulière de l'impôt, mais seulement de contrôler en quelque sorte celle déjà opérée, et d'empêcher que des marchandises qui ont échappé, lors de l'importation ou de la fabrication, à la vigilance des préposés, ne parviennent jusqu'au consommateur.